L'homme qui aimait les lions

John Bernard Daley

Writat

Cette édition parue en 2023

ISBN : 9789359253169

Publié par
Writat
email : info@writat.com

L'HOMME QUI AIMAIT LES LIONS

PAR JOHN BERNARD DALEY

L'HOMME QUI AIMAIT LES LIONS
PAR JOHN BERNARD DALEY

M. Kemper s'appuyait sur la rampe et regardait les lions en cage endormis sous le soleil d'août. A ses côtés, une femme souleva une petite fille pleurnicharde sur son épaule et lui dit : « Arrêtez ça ! Regardez les lions ! Puis elle secoua la fille de haut en bas. Le lion ouvrit les yeux jaunes, leva la tête d'entre ses pattes et bâilla. Immédiatement, la jeune fille a mis ses doigts sur son visage et s'est mise à pleurer. "Fermez-la!" dit la femme. « Tais-toi tout de suite ou je dirai à ce gros lion de te manger ! » En regardant entre ses doigts, la jeune fille dit : « Les lions ne mangent pas les petites filles. » La femme la secoua. " Bien sûr que oui ! J'ai dit que oui, n'est-ce pas ? "

"Les lions mangent rarement les gens", a déclaré M. Kemper. Avec ses deux cents livres, la femme se tourna vers lui. "Bien!" dit-elle. Le mot flottait comme un glaçon dans l'air chaud, mais M. Kemper l'écarta d'un geste. "Seuls les vieux lions ont recours à la chair humaine. Sauf le fameux incident des mangeurs d'hommes de Tsavo, bien sûr." La femme resserra son bras autour de la jeune fille, le coude relevé, comme pour le repousser.

"Allez, Shirl," dit-elle. "Allons voir les tagueurs." Et avec un regard d'avertissement par-dessus son épaule, elle s'écarta du rail. Un grand homme avec une cigarette éteinte à la bouche a pris sa place.

Alors que son large dos se balançait le long de l'allée, M. Kemper se demandait si elle avait une intuition particulière à son sujet, comme les chiens, dont le nez les avertissait qu'il n'était pas tout à fait le genre d'homme auquel ils étaient habitués. Les femmes, en particulier celles qui ont des enfants, semblaient ressentir cela. Il la regarda partir, ayant décidé qu'elle n'était pas faite pour ce qu'il avait en tête.

Deux choses se produisirent simultanément, interrompant ses pensées. Le grand homme à côté de lui lui tapota l'épaule et lui demanda une allumette ; au même moment, Kemper aperçut, juste au-delà de la femme qui s'éloignait, un homme vêtu d'une veste en tweed et d'un pantalon gris , qui l'observait. Pendant une seconde, ils se regardèrent et Kemper sentit une sonde mentale se projeter rapidement contre son bouclier. Il resserra le bouclier et attendit. L'homme était très bronzé, comme Kemper, avec des yeux inhabituellement écarquillés et une tête dolichocéphale. Il avait des pommettes remarquables ; ils semblaient inclinés vers le milieu de son visage, qui était très étroit et long au niveau de la mâchoire. Il ressemblait beaucoup à M. Kemper, de la même manière qu'un Blanc ressemble à un autre pour un Esquimau. Son regard passa de Kemper à la cage du lion ; puis il lui tourna le dos, un peu trop négligemment. La respiration sifflait doucement entre les dents de M. Kemper.

Le grand homme a dit : "Hé, mon pote, je t'ai demandé si tu avais une allumette ?"

"Quoi ? Non, je ne fume pas." Ses pensées s'affrontant, il fit face à la cage du lion. L'homme bronzé s'était détourné, ne voulant visiblement pas le contacter, mais pourquoi ? Il savait qui était Kemper ; cela ne faisait aucun doute. Fronçant légèrement les sourcils, M. Kemper regarda les morceaux de viande de cheval et d'os mâchés sur le sol de la cage, ainsi que les mouches vibrantes. La seule réponse logique était que l'homme attendait des renforts. Même maintenant, il contactait probablement les Trois Conseils. Pourtant, cela a donné à Kemper une chance raisonnable ; il a fallu du temps, même aux esprits les plus puissants, pour parcourir les sentiers du temps. A côté de lui, le grand homme parlait encore. "Tu te sens bien, mon pote ? Tu as eu l'air un peu loin tout d'un coup. Peut-être que tu devrais aller à l'ombre."

"Pas du tout. Je pensais seulement à quelque chose."

"Ouais?" L'homme sortit la cigarette de sa bouche et la mit dans la poche de sa chemise. "Dis, je t'ai entendu dire que les lions ne mangent pas les gens. Tu es sûr de ça ?"

" Bien sûr. Regardez-les. Pensez-vous qu'ils doivent dépendre de quelque chose d'aussi lent que l'Homo Sapiens pour se nourrir ? " Avec une autre partie de son cerveau , il se demandait combien d'hommes seraient envoyés pour le reprendre. Il y avait cependant un point en sa faveur. Il n'avait rien à perdre.

"Je ne sais pas, mon pote. Tout ce que je les vois faire, c'est dormir. Toujours allongés sur leur gros dos, comme maintenant."

"Eh bien, ce n'est pas inhabituel. Les lions dorment le jour et chassent la nuit."

"Ouais ? Qu'est-ce que ça sert ? Le zoo ferme à 17h30, n'est-ce pas ?"

Kemper le regarda sans passion. Il pensa : « Espèce d'imbécile, que diriez-vous si vous saviez que vous parliez à un homme qui chassait vos ancêtres singes à travers les forêts d'il y a un million d'années ? Votre cerveau de pygmée pourrait-il accepter cela ?

L'homme lui a encore donné un coup sur l'épaule. "Regarde ce gros avec les mèches noires dans les cheveux. C'est pas quelque chose ? Pourquoi ne saute-t-il pas là-dedans comme le font les chimpanzés ?"

"Peut-être qu'il ne sait pas qu'on attend de lui", a répondu Kemper, espérant que l'arrivée de l'homme à la veste en tweed n'affecterait pas son sport du moment.

"Vous savez, j'aimerais voir quelques-uns de ces bébés mélanger les choses. Comme le lion contre le tigre, peut-être. À votre avis, qui gagnerait une dispute pareille, de toute façon ?"

"Le lion", a déclaré M. Kemper. Il décida que le jeu continuerait ; une idée commençait à lui venir à l'esprit. Regardant autour de lui d'un air qu'il espérait conspirateur, il enfonça son coude dans le ventre du grand homme. "Écoutez, vous aimeriez voir de l'action, n'est-ce pas ? Supposons que vous soyez ici dans, disons, deux heures. À trois heures."

"Ouais ? Quel genre d'action ? Tu n'essayes pas de me tromper, n'est-ce pas, mon pote ?"

En haussant les épaules, M. Kemper regarda les mouches qui pullulaient dans la cage. "C'est juste un conseil. À prendre ou à laisser, mon pote." Il se tourna, frôlé par l'homme renfrogné, et quitta la rampe. Même s'il faisait de plus en plus chaud , il marcha sur le ciment au soleil, évitant l'ombre des hautes haies face à la rangée de cages. Il se dirigea vers l'escalier qui menait de la cour des lions à la terrasse où se trouvait le bâtiment central du zoo. Derrière le bâtiment se trouvait l'enceinte principale ; le zoo lui-même était disposé en terrasses le long de deux collines, avec d'autres collines au loin. Ce n'était pas un grand zoo, ni un bon endroit où se cacher. Mais M. Kemper n'avait pas l'intention de se cacher.

Dans les cages devant lesquelles il passait se trouvaient d'autres chats : des guépards, des léopards, des pumas et des tigres, couchés avec les flancs soulevés ou se prélassant avec la langue rouge sur le sol en pierre. Ils n'avaient pas beaucoup changé, décida-t-il, sauf en taille. Même le lion à crinière striée était chétif en comparaison des lions que Kemper avait connus. Il se dirigea vers la fontaine près de l'escalier, le soleil dans les yeux. Il était presque tenté de le regarder avec mépris. En se penchant au-dessus de la fontaine, il perçut l'odeur poussiéreuse des chats parmi les odeurs de pop-corn, de bière de racine et de glace et la sueur puante des gens. Il se redressa, s'essuya les lèvres et se souvint des sombres jungles du Pliocène, noir-vert sous le soleil qui était un poing sur la tête ; les plaines d'herbes jaunes et hautes de javelot se balançant jusqu'à l'horizon ; et dans les collines les lions aux peaux semblables à de l'airain martelé, les lions mortels et rugissants. Il se souvenait aussi, avec l'odeur de ces lions épaisses comme poussière dans sa gueule, des villes de son peuple, de ce peuple fier qui avait découvert les secrets du temps grâce à la science de son esprit, une science inconnue du monde dans lequel il se trouvait maintenant. . Il leva lentement les yeux et vit l'homme à la veste en tweed debout en haut de l'escalier.

Lorsque leurs regards se croisèrent, Kemper sonda avec une pensée rapide, mais l'autre avait son bouclier mental relevé. L'homme se retourna et se plaça derrière un groupe de femmes. L'homme avait disparu lorsque Kemper arriva en haut des marches. "Alors c'est comme ça que tu le veux," dit-il en regardant autour de lui. Deux trottoirs partaient du haut de l'escalier ; l'un montait la colline jusqu'à la volière, l'autre contournait l'aile sud du bâtiment. Il prit celui qui contournait l'aile. "Mais je doute", dit-il, "si nous allons jouer à cache-cache tout l'après-midi." Une vieille dame qui se tortillait dans l'allée lui lança un regard méchant à son passage.

Il passa devant le corral de zèbres où un petit garçon ramassait des pierres et se dirigea vers l'entrée latérale de l'aile. Il descendit le couloir sombre, tourna à gauche vers les toilettes pour hommes, puis à droite et encore à gauche, et arriva finalement à une petite cour partiellement cachée de l'enceinte principale par une extension de l'aile. Dans la cour, il n'y avait qu'une seule exposition, un bassin de castors entouré d'un mur de pierre jusqu'à la taille. Deux adolescents affalés sur le mur ; sinon l'endroit était désert. M. Kemper a étudié les garçons. Voici un jeu à son goût. Il s'approcha et s'assit sur un banc au soleil.

Les garçons, des jumeaux en Levis , chaussures de selle, T-shirts et cheveux longs, se penchaient au-dessus de la piscine. Il y avait quelque chose d'étrange dans les actions du blond qui s'inclinait dangereusement près de l'eau. Il bougea spasmodiquement et M. Kemper vit le scintillement du soleil sur le long bâton tenu comme une lance dans sa main et entendit un clapotis. En jurant, le garçon se redressa et tomba du mur, secouant l'eau du bâton. "Tu as raté", dit l'autre.

"Je vais montrer ce rat à queue plate", dit le garçon blond. D'une poche arrière, il sortit un couteau à fermoir et l'ouvrit d'un coup sec, et d'une poche latérale un morceau de ficelle. Avec des torsions rapides et vicieuses, il commença à attacher le manche du couteau au bout du bâton. Il a fait deux nœuds et a dit : « Mec, regarde ça. Ça tiendra, mec.

« Et le chat sur le banc là-bas ? Et s'il nous voyait ?

"Lui ? Et s'il le faisait ? Nous pouvons nous en occuper. De toute façon, il a les yeux fermés, n'est-ce pas ?"

Le soleil picotait au sommet des oreilles de M. Kemper alors qu'il écoutait, les yeux à moitié fermés. "D'accord, donne-moi beaucoup d'espace sur le mur," dit le garçon blond. Il y eut un froissement de tissu sur la pierre. Puis M. Kemper ferma les yeux et fit une image dans l'obscurité de son esprit, une petite image lumineuse qu'il effaça immédiatement après sa formation. Au bord de la piscine, le métal claquait sur la pierre.

Le garçon blond a crié : "Hé, pourquoi m'as-tu poussé ? Regarde ce que tu as fait !"

"Moi ? Je ne t'ai jamais touché, espèce d'imbécile !"

« Bon sang, tu ne l'as pas fait. Regarde ce foutu couteau !

En ouvrant les yeux, M. Kemper regarda les morceaux de lame de couteau éparpillés aux pieds du garçon et, un peu sur le côté, le bâton cassé. Il sourit et s'installa sur le banc, écoutant la dispute. Les garçons criaient et agitaient les bras, mais c'était tout. Quant à leurs invectives, il lui semblait qu'elles manquaient d'originalité ; il s'en lasse vite. Il se leva du banc et se dirigea vers eux. La dispute s'est arrêtée.

Ils le regardèrent avec des yeux froids et arrogants. "Bonjour," dit-il.

Ils détournèrent le regard. "Tu entends quelque chose, mec?" dit le garçon blond.

"Rien, Jack, rien," répondit l'autre.

Le sourire sur le visage de M. Kemper était le meilleur, le plus amical ; cela lui avait pris des heures de pratique devant des miroirs. " *Singes, vos pères n'étaient pas arrogants lorsqu'ils mouraient en criant sur nos lances. Ils n'étaient pas audacieux lorsque nos chats de chasse leur déchiraient le ventre.* " Il dit à voix haute : " Vous savez, je suis un étranger par ici et j'ai pensé que vous pourriez l'être. " "

"Nous n'avons rien entendu parler de la cage du lion, papa. Nous avons nos propres problèmes."

"Ouais, nos propres problèmes. Perds-toi, papa."

"Cela avait l'air très intéressant, quelque chose à propos d'un gros problème dans les cages."

Les garçons haussèrent les sourcils et se regardèrent de côté. Le blond dit : "Je t'ai dit de te perdre, papa. Prends-en cinq. Tu sais, pars d'ici."

M. Kemper a dit : « Eh bien, merci quand même » et il souriait toujours en les quittant.

Il faisait plus chaud lorsqu'il atteignit l'enceinte principale, mais toujours frais selon ses critères. À une buvette, il commanda un hot-dog à la moutarde. Alors qu'il attendait, appuyé contre le comptoir, il aperçut l'homme à la veste en tweed parmi un groupe de personnes qui se dirigeaient vers la cour des éléphants. Il paya le hot-dog, le ramassa et marcha le long du chemin, gardant la veste en vue.

L'homme en tweed longea les éléphants, les girafes et les zèbres, puis contourna l'aile sud du bâtiment. Il remonta l'allée menant à la volière, avec Kemper pas très loin derrière. Au sommet de la colline, l'homme s'est arrêté devant la volière. C'était une vaste enceinte clôturée par des barreaux de trente pieds de haut. Dans la plus grande section se trouvaient une myriade de canards, de grues, de mouettes et d'autres oiseaux inoffensifs ; à l'écart se trouvaient des aigles, des vautours et des condors accroupis sur des balcons sculptés. Du sommet de la colline, on avait une belle vue sur le parc du zoo en contrebas. L'homme à la veste en tweed s'est retourné, apparemment pour regarder en bas de la colline, mais a plutôt regardé directement M. Kemper qui se tenait à quelques mètres de là.

Aucun d'eux n'a rien dit. L'homme en tweed semblait embarrassé. M. Kemper a pris une bouchée du hot-dog et l'a mâché pensivement. Au bout d'un moment, il dit : « Je suppose que je devrais vous reconnaître, mais ce n'est pas le cas. Conseil scientifique, sans aucun doute.

L'homme répondit avec raideur : " Ulbasar , du Premier Conseil Scientifique. Seigneur Kjem , vous êtes en état d'arrestation. "

"Tu ferais mieux d'utiliser des mots, cela risque moins de rendre quelqu'un suspect. Tu aurais peut-être aussi pu t'habiller un peu plus intelligemment."

Ulbasar passa la main sur les revers de sa veste. "Mais il fait froid. Comment supportes-tu ça dans cette chemise légère ?"

"Très simple : je porte des sous-vêtements longs."

"Eh bien, tu es visiblement ici depuis bien plus longtemps que moi."

"Oui", a déclaré Kemper. "Je suis ici depuis un bon moment."

Ils ne parlèrent plus pendant plusieurs minutes. Devant eux, des filles se pressaient contre le grillage qui renforçait les barreaux, observant un petit canard pompeux. "Allons-y", dit l'une des filles. "Ces oiseaux sont trop dégoûtants. Je veux dire, ils sont tellement laids !"

"Elle pense que les oiseaux sont laids", a déclaré M. Kemper. En riant, il se tourna vers Ulbasar . "Eh bien, que penses-tu du petit singe charognard de nos marais maintenant ?"

Ulbasar secoua la tête. "Incroyable. Complètement incroyable."

M. Kemper a dit : « Regardez-les. Ils se moquent des oiseaux, ils se moquent des singes ; j'en ai même vu certains se moquer des lions. Il scrutait les gens dans les bars, les hommes en sueur, au nez tordu, au ventre affaissé, au crâne chauve et aux bras velus. Il y avait des femmes en short, des femmes grises dont les jambes se dressaient jusqu'à des fesses effrayantes et roulantes ; des filles à la bouche tachée, aux jambes mal rasées et aux sandales attachées sur leurs gros orteils remuants. "Les femelles sont incroyables", a déclaré Kemper, "mais vous devriez voir les enfants."

Il finit son hot-dog et s'essuya les mains avec son mouchoir. "Eh bien, Ulbasar , où sont les autres ?"

"D'autres ? Il n'y en a pas d'autres. Je suis venu seul."

Kemper, les yeux rivés sur les gens présents dans la cage, plia lentement son mouchoir. Sans avertissement, il lança toute la force de sa sonde mentale sur l'homme à côté de lui. Ulbasar chancela et fit une embardée sur sa gauche, jetant un bloc désespéré qui fut écarté avec mépris. Kemper tendit la main, attrapa son bras, puis relâcha la puissance de la sonde. "Ne me mens pas," dit-il doucement. "Il en faudra plus d'un d'entre vous pour me forcer à repartir, vous le savez. Maintenant, où sont les autres ?"

"Un seul autre", dit Ulbasar en secouant la tête. " Seigneur Gteris . Il est en route. Aucun des autres n'était assez proche pour pouvoir le contacter. "

"C'est mieux. Alors ils ont envoyé Gteris , hein ? Cela faisait longtemps que Gteris et moi n'avions pas chassé ensemble, très longtemps." Il leva les yeux alors que le condor sur le perchoir le plus élevé déployait ses ailes et inclinait la tête vers le toit grillagé de la cage.

Des mots jaillirent d' Ulbasar , qui avait toujours l'air secoué. "Les Nobles ont exigé que Lord Gteris vienne. Le Conseil Scientifique a insisté pour que seuls nos hommes s'en occupent, et ils sont considérablement agités. Il y a eu un conflit ouvert entre les Nobles et les Scientifiques lors des Sessions, et le tribunal est inquiet. Ils veulent que vous reveniez, et ils veulent que tu reviennes rapidement.

"La politique, toujours la politique", dit Kemper en lâchant son emprise sur le bras d'Ulbasar .

"Les scientifiques exercent beaucoup de pression sur le tribunal. Ils sentent que chaque instant que vous passerez ici à l'avenir représente un danger pour nous. Ils s'inquiètent du schéma temporel."

"C'est ridicule. Comment un homme du passé peut-il affecter l'avenir ? De plus, ce n'est pas notre avenir ; il appartient au peuple-singe."

"Je sais, mais ça ne fait aucune différence."

"J'ai visité leurs bibliothèques. Il n'y a aucune trace de nous, à moins que l'on compte quelques légendes stupides sur des continents s'enfonçant dans la mer." Il regarda un homme à quelques mètres de là qui jetait du pop-corn sur une mouette. Un morceau de pop-corn a rebondi sur la tête de la mouette et l'homme a ri. Les gens qui se trouvaient à proximité ont également ri et l'homme a lancé encore du pop-corn. En soupirant, Kemper regarda sa montre-bracelet. "Quand vient-il ?"

"Je ne sais pas précisément, et c'est la vérité."

Kemper y réfléchit. Cela prendrait du temps. Après l'arrivée de Gteris, il y aurait des détails importants qui l'occuperaient, comme assimiler les mœurs et les mœurs de cette époque et se procurer des vêtements appropriés. Il dit : « Quand il viendra , vous n'aurez aucun mal à me trouver. Je ne quitterai pas les lieux ; je donne ma parole.

"La parole d'un renégat et d'un fugitif ?" Ulbasar était redevenu lui-même.

"La parole d'un noble", dit Kemper en se détournant froidement de lui.

"Encore une chose, Seigneur Kjem ", dit Ulbasar . "La faille temporelle . Nous avons l'ordre de repartir avec vous le long de la faille que vous avez utilisée, en veillant à ce que vous la scelliez derrière nous. Est-elle proche ?"

"Je te le dirai quand je le devrai", dit Kemper, se retournant complètement cette fois et s'éloignant.

Ulbasar le surveillerait de près, il le savait, jusqu'à l'arrivée de Gteris . Qu'ils aient l'intention de lui faire combler son fossé temporel était logique ; la fracture était dangereuse pour le modèle d'ensemble. Lorsqu'il était parti précipitamment, il s'était frayé un chemin à travers le temps avec sa matrice mentale, sachant que sa poursuite aurait été rapide s'il avait emprunté l'un des chemins temporels normaux. La rupture qu'il avait créée était évidente, mais elle ne toucherait personne d'autre que lui. Cependant, d'autres pourraient l'accompagner pendant qu'il ouvrait la voie. Gteris et Ulbasar pourraient l'accompagner et, contrôlant son esprit, lui faire fermer la brèche derrière lui.

donc d'un bon pas, sachant qu'il avait beaucoup à faire dans un laps de temps incertain. Le soleil était plus haut, pâle dans le ciel vitré. Des gens échevelés et à l'air harcelé passèrent devant lui, des taches de sueur sombres sur leurs vêtements, et avec eux des enfants agités. M. Kemper marchait et les gens passaient à côté de lui, en route pour se moquer des singes, jeter des pierres aux ours et appeler « Kitty, Kitty, Kitty » aux léopards.

Sur un stand en face des ours polaires, près de l'aile nord du bâtiment central, il s'est arrêté pour prendre une tasse de café, mais il n'y en avait pas à vendre, alors il a acheté à la place un gobelet en papier rempli d'une boisson verte. Il l'a siroté en regardant un gros ours blanc flâner dans la piscine. Un peu à côté de lui, un jeune homme se disputait avec un garçon qui voulait de la barbe à papa. En dessous d'eux, et à leur droite, retentit un faible grondement. "Qu'est-ce que c'est, papa ?" dit le garçon. "Il n'y a que les lions qui rugissent", répondit son père.

"En fait, ils ne rugissent pas", a déclaré M. Kemper. "Ils grognent et s'éclaircissent la gorge."

Le garçon regarda M. Kemper avec intérêt, mais son père fronça les sourcils. "Pour moi, cela ressemble à un rugissement", a-t-il déclaré.

M. Kemper sourit au garçon. "Oh non. Si les lions rugissaient, tu n'entendrais rien d'autre. C'est un son qu'on n'oublie jamais, un son qui déchire le vent et secoue les arbres avec le tonnerre."

"Je pourrais l'oublier, Mac", dit le contre-homme en s'appuyant sur ses coudes et en faisant un clin d'œil au père du garçon.

"Je veux entendre les lions rugir", dit le garçon.

"Pour l'amour de Pete, que veux-tu ? Décide-toi ; tu veux des lions ou de la barbe à papa ?" Le père du garçon avait l'air exaspéré.

"Si vous allez à la cage des lions à trois heures aujourd'hui, vous les entendrez rugir", a déclaré M. Kemper.

Peu de temps après, le jeune homme emmena son petit garçon, qui insistait toujours sur le fait qu'il voulait entendre le rugissement des lions . Finalement, tous ceux qui ont parlé avec M. Kemper sont partis assez soudainement. M. Kemper, sans vergogne, buvait dans son gobelet en papier et réfléchissait aux ravages du temps.

Une femme et un homme sont arrivés au coin du bâtiment qui faisait face aux ours polaires. La femme avait le visage rouge et la voix légèrement rauque. "Tout ce que tu veux, c'est regarder ces foutus chips. Tu regarderais ces chips toute la journée si je ne t'entraînais pas loin de là. Des chips, des chips, j'en ai marre des chips."

"Des chimpanzés", dit M. Kemper alors qu'ils passaient. "Des chimpanzés, pas des chips. Des chimpanzés, madame, avec un 'm' dedans."

Le guichetier, s'avançant vers lui, essuya le comptoir avec un chiffon détrempé et dit : « Écoute, Mac, c'est quoi tout ça avec les lions ?

M. Kemper le regarda. "Oh, tu aimes les lions ?"

"Eh bien, c'est comme ça", a déclaré le contremaître. Mais il n'avait aucune chance de finir. Il y eut un cri de douleur d'animal de l'autre côté du bâtiment. Les ours polaires relevèrent la tête. Posant son verre inachevé sur le comptoir, M. Kemper se dirigea vers le son.

Dans la cage haute qui abritait les chimpanzés, au coin de l'aile, un chimpanzé se balançait violemment sur un trapèze, en grondant un autre sur le sol de la cage. Kemper a vu que celui sur le trapèze était une femelle, l'autre un mâle plus grand et plus âgé. Le mâle, le visage grotesque de colère, escaladait les barreaux et s'approchait le plus possible du trapèze. Il resta là, attrapant la femelle alors qu'elle passait juste hors de sa portée. Il n'y avait que quelques personnes près de la cage, mais la plupart souriaient. L'un d'eux, un homme grand et dégingandé, courait partout, pointant un appareil photo d'abord sur la femelle, puis sur le mâle. Une femme mince, peut-être sa femme, se tenait près de lui. Elle posa la main sur son bras. Lorsque Kemper vit ses yeux, il se plaça derrière les autres et se dirigea vers elle et l'homme à la caméra, prenant position un peu à leur droite.

"Refais-le, Al," dit la femme élancée. "Rends-les encore fous." Al transpirait. Il rit, regarda les gens autour de lui, puis repoussa les cheveux noirs de son front et lui tendit l'appareil photo. "D'accord, d'accord," dit-il. "Prenez les photos maintenant et ne vous trompez pas." Il se déplaçait de manière décousue, comme une marionnette, aussi près que possible de la cage, directement sous la périphérie de l'arc oscillant du trapèze.

Il commença à trembler, puis sauta de haut en bas, faisant des grimaces à la femelle. "Hé, hé !" il a appelé. Il dansait, cabriolant librement, battant de longs bras contre ses cuisses. " Haaah , haaah , haaah ", a-t-il crié. " Haaah ! Aargh ! "

En colère, la femelle lui a bavardé. Lorsque le trapèze atteignit le sommet de son arc, elle sauta et attrapa les barreaux de la cage, puis les laissa tomber jusqu'à ce qu'elle ne soit plus qu'à quelques pieds au-dessus de l'homme qui cabriolait. Elle lui a crié dessus, frappant une main contre une barre, et les spectateurs ont ri. De l'autre côté de la cage, le chimpanzé mâle tomba au sol et se précipita vers elle. S'arrêtant sous elle, il leva les bras et gronda dans sa gorge. Elle se tourna en grognant et commença à grimper aux barreaux. Avec un dernier cri sauvage face à l'homme qui criait et dansait à l'extérieur de la cage, elle sauta, juste au moment où les doigts de l'homme effleuraient son pied. Elle est passée bien au-dessus de sa tête, puis a cogné au sol. Il tomba et courut après elle. Elle grimpait de nouveau vers le trapèze lorsqu'il la rattrapa. Il s'est faufilé à l'intérieur, la menottant, puis ils se sont agrippés. Un cri fendit l'air tandis que ses dents s'enfonçaient dans son épaule. Aux odeurs de pop-corn, de sueur et de barbe à papa s'ajoutait désormais l'odeur du sang.

Il y avait du calme dans la cage et hors de celle-ci alors que la femelle s'éloignait du mâle voûté. Sans être inquiétée, elle grimpa lentement aux barreaux et se dirigea vers le trapèze, où elle s'assit, une main posée sur son épaule ensanglantée. Sur le sol de la cage, le mâle lui tendit les deux bras.

Les spectateurs respirèrent à nouveau. "As-tu compris?" dit Al. "Vraiment ? Quel cliché ! Formidable, mais formidable !"

"Je l'ai, Al, je l'ai!" dit sa femme, les yeux brillants.

M. Kemper sourit à Al et secoua la tête avec admiration. "Dis, c'était toute une performance." Toujours respirant, Al repoussa ses cheveux de ses yeux et lui rendit son sourire.

"Oh, Al est génial", dit sa femme. "Tu devrais le voir un jour lors d'une fête."

M. Kemper a déclaré : "Il a certainement du talent."

"Ah, ce n'est rien," dit Al. "Rien à faire, mon gars. Tu es sûr d'avoir reçu ces vaccins, bébé ?"

En se rapprochant, M. Kemper baissa la voix. "Écoutez, voudriez-vous prendre des photos vraiment superbes ? Des photos dont vous vous souviendrez toute votre vie ?"

Al le regarda. "Ouais. Des photos de quoi ?"

"Sois à la cage du lion à trois heures. Tu n'auras plus jamais une telle chance, crois-moi."

"Bien sûr, bien sûr, mais des photos de quoi, mon ami ?"

Alors M. Kemper baissa la tête et lui murmura quelque chose, et ce faisant, il vit la lueur naître au plus profond des yeux d'Al et grossir jusqu'aux surfaces pâles. Mais les yeux d'Al ne brillaient pas comme ceux de sa femme . Et au bout d'un moment, M. Kemper les quitta, ainsi que la cage qui était silencieuse à l'exception du lent craquement du trapèze.

Après avoir regardé sa montre, M. Kemper marcha plus vite. Le soleil se couchait dans le ciel poisseux et il n'y avait qu'un léger vent. Et pendant environ une heure, M. Kemper était ici, là et partout. S'il y avait une bande de petits garçons qui criaient après le rhinocéros, alors M. Kemper était là, souriant et hochant la tête. Alors qu'un groupe d'étudiants faisait de sales blagues sur les babouins, M. Kemper était également là, finissant par dire quelque chose qui a incité tout le monde à le regarder.

Il était omniprésent. Il était du côté des gens qui tendaient le cou vers les girafes et de ceux qui se moquaient des lions de mer élégants qui s'élançaient dans leurs auges étroites. Il était avec une famille et observait les anacondas affaissés dans des cabines vertes ; il était au corral de bisons ; il a vu le crocodile, le yack et le blesbok. Et toujours, où qu'il soit, il avait quelques mots à dire sur les lions. Et le temps a passé.

Il était exactement trois heures lorsqu'il se retrouva en haut de l'escalier au-dessus de la cour des lions. De nombreuses personnes se bousculaient devant les cages, une foule bruyante qui rendait les lions nerveux. Ils étaient réveillés à présent, arpentant leurs cellules, et les léopards étaient réveillés, ainsi que les jaguars. Dans la cage centrale, le lion à crinière striée posa la tête contre le sol et toussa. Derrière lui, la lionne attendait, tendue. Le lion a courbé sa patte autour d'un des barreaux et quelques personnes ont applaudi. D'autres sifflaient ; plusieurs regardèrent leur montre. Kemper, qui recommençait à sourire, observait la foule. Il y avait Al, son appareil photo et sa femme, près de la cage centrale. Les deux adolescents étaient à proximité d'eux. Le petit garçon et son père étaient là, ainsi que bien d'autres que M. Kemper était heureux de voir. Les mains jointes derrière lui, il les regardait de haut. Soudain, il sentit des liens puissants s'établir dans son esprit.

Se retournant lentement, il vit Ulbasar descendre la colline vers lui, un homme de grande taille à ses côtés. Ils s'arrêtèrent devant lui, le visage sombre sous le soleil. "Le voici", dit Ulbasar . Le grand homme à sa gauche fit le signe de salutation d'un noble à un autre. "Seigneur Kjem ", dit-il. En rendant le panneau, M. Kemper dit : « Seigneur Gteris ».

Gteris a déclaré: "Je déteste faire ceci; vous le savez. Nous étions amis autrefois. J'espère que vous n'essaierez pas de résister."

"J'ai dit à Ulbasar que je ne le ferais pas. Ensemble, vous êtes considérablement plus forts que moi. Je serais idiot d'essayer quoi que ce soit."

"C'est intelligent de votre part", a déclaré Gteris . "Maintenant, passons aux choses sérieuses. Ulbasar dit que tu ne lui dirais pas l'emplacement de ta faille temporelle. Est-ce vrai ?"

"Certainement. Un Noble répond-il à un Scientifique ? Mais bien sûr, je vais vous le dire, Gteris . La faille temporelle est là-bas, derrière la haie en face de la cage aux lions."

Tous les signes d'amitié quittèrent le visage de Gteris . Il tournait et donnait des ordres. " Ulbasar , tu l'as entendu. Descends et vois s'il dit la vérité. Je vais monter la garde sur lui. Et garder le blocage mental serré. "

Ulbasar hocha la tête et descendit les marches. M. Kemper testa l'étau qui pressait son esprit ; ça a trop bien tenu. Gteris le regardait avec reproche. " Vraiment, Kjem , votre conduite est indigne d'un Noble. Si vous deviez assassiner quelqu'un, pourquoi fallait-il que ce soit un Scientifique ? Et puis tout cela vous force à rompre avec le modèle temporel. Les Nobles sont mécontents de vous, Kjem . "

"Vous savez, je ne regrette rien", a déclaré M. Kemper, regardant Ulbasar se rapprocher de la foule près des cages. "Dis-moi, comment se passe la chasse à la maison ?"

"Pas trop mal ; j'ai eu de beaux faucons il y a quelque temps. J'aimerais toujours pouvoir m'occuper des chats comme vous le faites, au lieu de… qu'est-ce qui ne va pas avec cette foule devant la cage là-bas ?"

M. Kemper a dit : « Il est plus de trois heures.

En dessous d'eux, un grand homme a traversé la foule en direction d' Ulbasar en criant : "Voilà le type qui m'a dit d'être ici ! Voilà le faussaire !" Ulbasar hésita, regarda autour de lui et s'arrêta. Le grand homme attrapa l'épaule d'Ulbasar et lui plaqua un doigt contre la poitrine. La foule se dirigea vers eux.

Gteris a déclaré : « Il a des ennuis. »

"Il est presque mort en ce moment", a déclaré Kemper.

Gteris regarda la foule, puis Kemper. Rapidement, il lança une pensée d'avertissement à Ulbasar , qui la comprit. Ce faisant, la pression s'est légèrement relâchée dans l'esprit de Kemper. C'était assez. Kemper s'en est pris au blocage de Gteris . Ils restaient là, l'esprit tordu par le combat. Puis, alors qu'Ulbasar était encerclé par la foule, son soutien s'affaiblissait et Gteris combattit seul. Lentement, mais inexorablement, il fut forcé de reculer et de sortir, et l'esprit de Kemper se libéra. Le visage de Gteris était hagard. "Bons dieux, Kjem !" il a dit. "Regarde Ulbasar !"

"Tu peux toujours l'aider. Je ne te retiens pas."

Gteris le regarda d'un air furieux, puis courut, dévalant les marches deux à deux. Il a couru vers la foule et a commencé à crier après Ulbasar . Kemper a vu la concentration sur son visage et savait qu'il essayait de contrôler la foule. C'est alors que M. Kemper ferma les yeux.

D'abord, il a exclu le monde qui l'entourait : le soleil tamisé sur ses oreilles, les odeurs poussiéreuses de l'été et du pop-corn, les bruits du petit vent et des gens. Dans l'obscurité de son esprit, il vit la cour des lions ; chaque barreau de la cage et les lions jaunes à l'intérieur ; la foule et les deux hommes noirs. Ensuite, il a pris une photo des barres se desserrant en haut et en bas de la cage, et de toute la section de l'avant de la cage glissant lourdement sur le côté.

Il n'y avait aucun son nulle part. Puis, au-dessous de lui, retentit un gong d'acier sur le ciment et après cela, les cris, et par-dessus tout, éclipsant les cris et les bruits résonants, vint un rugissement qui déchira le vent et secoua les arbres avec le tonnerre.

Les yeux toujours fermés, Kemper desserra les façades de toutes les cages, une à une. Après cela, il se concentra entièrement sur la direction des lions. Il donna à Ulbasar une mort rapide. Gteris, il l'a choisi pour une faveur spéciale; il envoya contre lui le lion à crinière striée. Tandis que le lion était accroupi, Gteris restait immobile, se couvrant le visage de ses mains. « Lève-toi et combat ! » » a crié Kemper. "Au moins, meurs comme un Noble !" Mais Gteris ne bougea pas et le lion bondit. Kemper éclata de rire, la vieille excitation de la chasse revenant en lui tandis qu'il envoyait les chats bondir et griffer. Il a veillé à ce que quelques-uns des hommes-singes meurent très lentement. Au loin, une sirène hurlait.

Kemper n'entendit pas les bruits précipités derrière et au-dessus de lui. Ce faisant, il appela désespérément les lions. Il leva les yeux vers les condors, lancés comme des javelots, et derrière eux les aigles. Et il savait pourquoi Gteris , le chasseur de condors et d'aigles, n'avait pas essayé de repousser les lions. Puis les condors se sont écrasés.

Le lion à crinière striée s'approcha de lui, mais il était trop tard. M. Kemper gisait mourant sous le soleil froid avec une odeur de lions comme de la poussière dans la gorge.